Impressum
Verlag: BABADADA GmbH, Nedderfeld 112 , 22529 Hamburg
Geschäftsführer / Verlagsleitung: Harald Hof
Druck: Books on Demand GmbH, In de Tarpen 42, 22848 Norderstedt

Imprint
Publisher: BABADADA GmbH, Nedderfeld 112 , 22529 Hamburg, Germany
Managing Director / Publishing direction: Harald Hof
Print: Books on Demand GmbH, In de Tarpen 42, 22848 Norderstedt, Germany

школа

școală

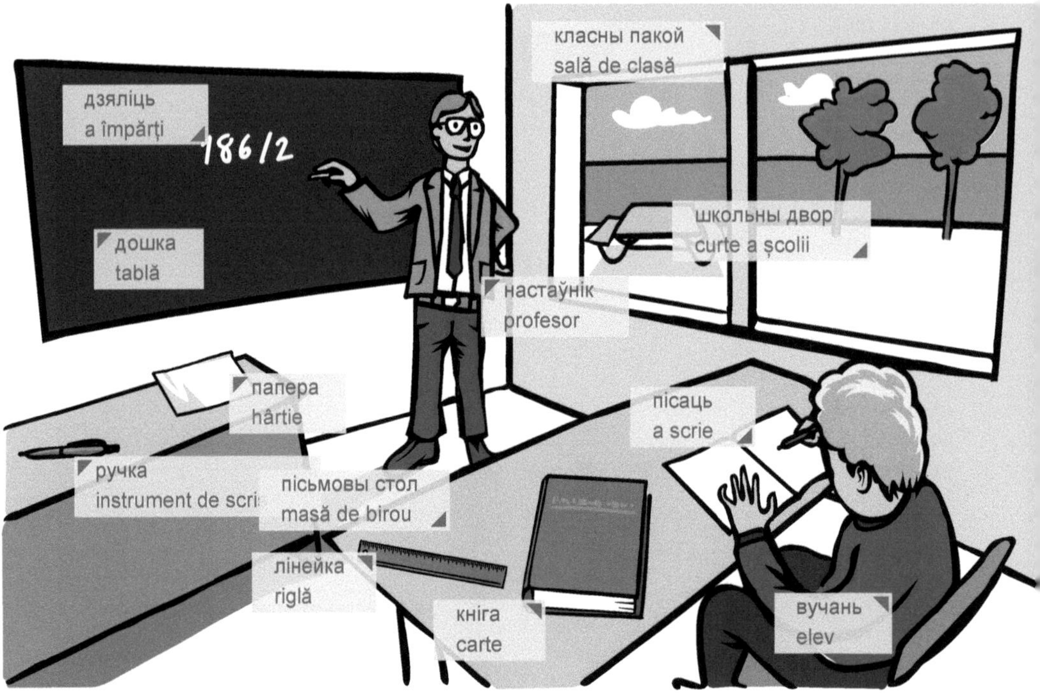
класны пакой
sală de clasă
дзяліць
a împărți
186/2
дошка
tablă
школьны двор
curte a școlii
настаўнік
profesor
папера
hârtie
пісаць
a scrie
ручка
instrument de scri
пісьмовы стол
masă de birou
лінейка
riglă
кніга
carte
вучань
elev

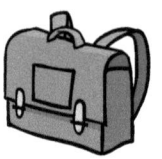

ранец

ghiozdan

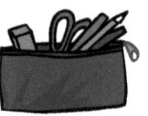

пенал

penar

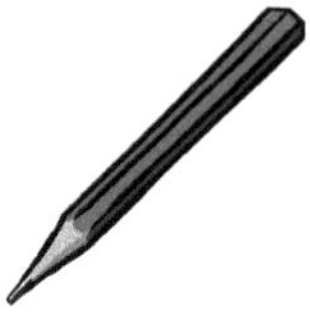

просты аловак

creion

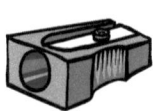

тачылка для алоўкаў

ascuțitoare

гумка

radieră

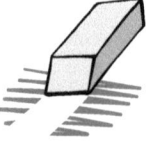

альбом для малявання

bloc de desen

малюнак

desen

пэндзлік

pensulă

фарбы

cutie de acuarele

нажніцы

foarfece

клей

lipici

сшытак

caiet de exerciții

хатняе заданне

temă

12

лік

număr

2+2

дадаваць

a aduna

5-2

адымаць

a scădea

2×2

множыць

a multiplica

лічыць

a calcula

A

літара

literă

ABCDEFG HIJKLMN OPQRSTU VWXYZ

алфавіт

alfabet

hello

слова

cuvânt

тэкст

text

чытаць

a citi

крэйда

cretă

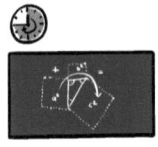

ўрок

oră

класны журнал

catalog

экзамен

examen

атэстат

certificat

школьная форма

uniformă școlară

адукацыя

educație

энцыклапедыя

enciclopedie

універсітэт

universitate

мікраскоп

microscop

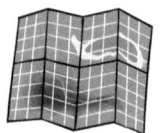

карта

hartă

смеццевы кошык

coș de gunoi

падарожжа
călătorie

гатэль
hotel
Grand
хостэл
hostel
ROOMS
EXCHANGE
абменны пункт
casă de schimb valutar
чамадан
valiză
аўтамабіль
autovehicul

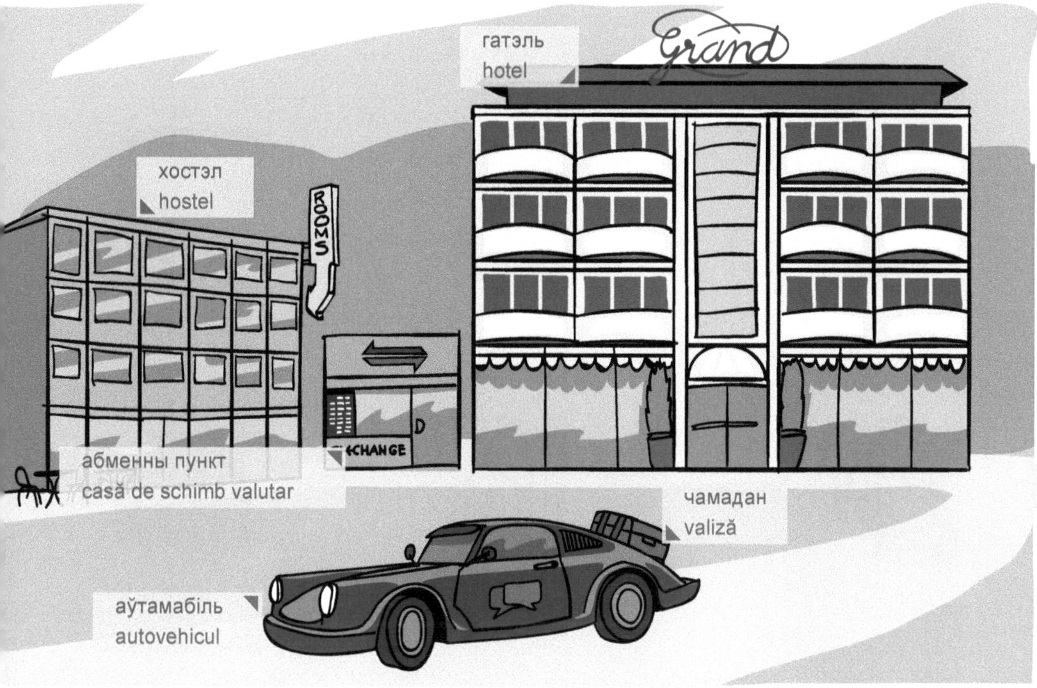

мова

limbă

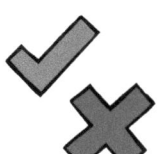

так / не

da/nu

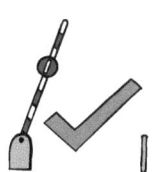

добра

okay

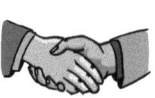

прывітанне!

Bună!

перакладчык

interpret

дзякуй

mulțumesc

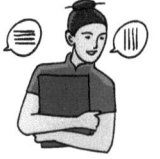

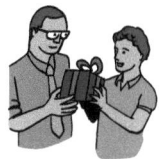

Колькі каштуе....?

Cât costă...?

я не разумею

Nu înțeleg

праблема

problemă

Добры вечар!

Bună seara!

Добрай раніцы!

Bună dimineața!

Дабранач!

Noapte bună!

да пабачэння

la revedere

кірунак

direcție

багаж

bagaj

сумка

geantă

заплечнік

rucsac

госць

oaspete

пакой

cameră

спальны мяшок

sac de dormit

палатка

cort

інфармацыя для турыстаў

punct de informare turistică

пляж

plajă

крэдытная картка

carte de credit

снеданне

mic dejun

абед

masa de prânz

вячэра

cină

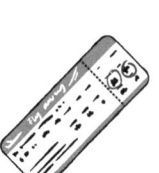

праязны білет

bilet de călătorie

ліфт

lift

паштовая марка

timbru poștal

мяжа

graniță

мытня

vamă

пасольства

ambasadă

віза

viză

пашпарт

pașaport

транспарт
transport

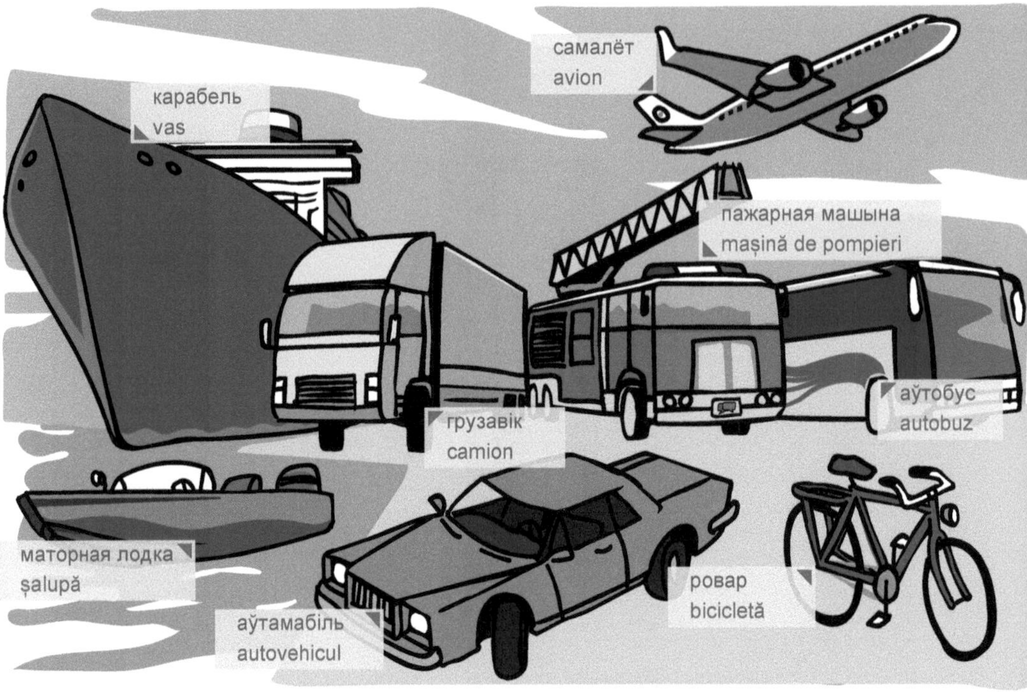
самалёт
avion
карабель
vas
пажарная машына
mașină de pompieri
аўтобус
autobuz
грузавік
camion
маторная лодка
șalupă
ровар
bicicletă
аўтамабіль
autovehicul

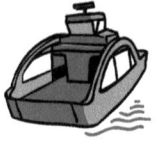

паром

feribot

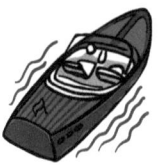

лодка

barcă

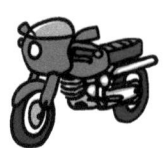

матацыкл

motocicletă

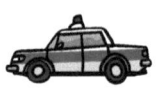

паліцэйская машына

mașină de poliție

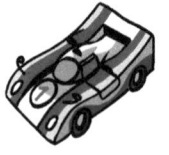

гоначны аўтамабіль

mașină de curse

арэндаваны аўтамабіль

mașină închiriată

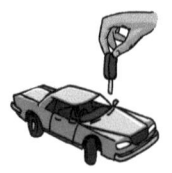

сумеснае карыстанне
аўтамабілем

car sharing

эвакуатар

mașină de tractat

смеццявоз

mașină de gunoi

матор

motor

паліва

combustibil

запраўка

benzinărie

дарожны знак

semn de circulație

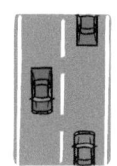

дарожны рух

trafic

затор

ambuteiaj

паркоўка

parcare

чыгуначная станцыя

gară

рэйкі

șine

цягнік

tren

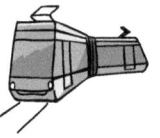

трамвай

tramvai

вагон

vagon

верталёт

elicopter

аэрапорт

aeroport

вежа

turn

пасажыр

pasager

кантэйнер

container

кардонная скрыня

carton

тачка

căruță

карзіна

coș

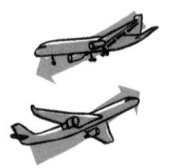

ўзлятаць / прызямляцца

a decola/a ateriza

горад

oraș

вёска

sat

цэнтр горада

centru

дом

casă

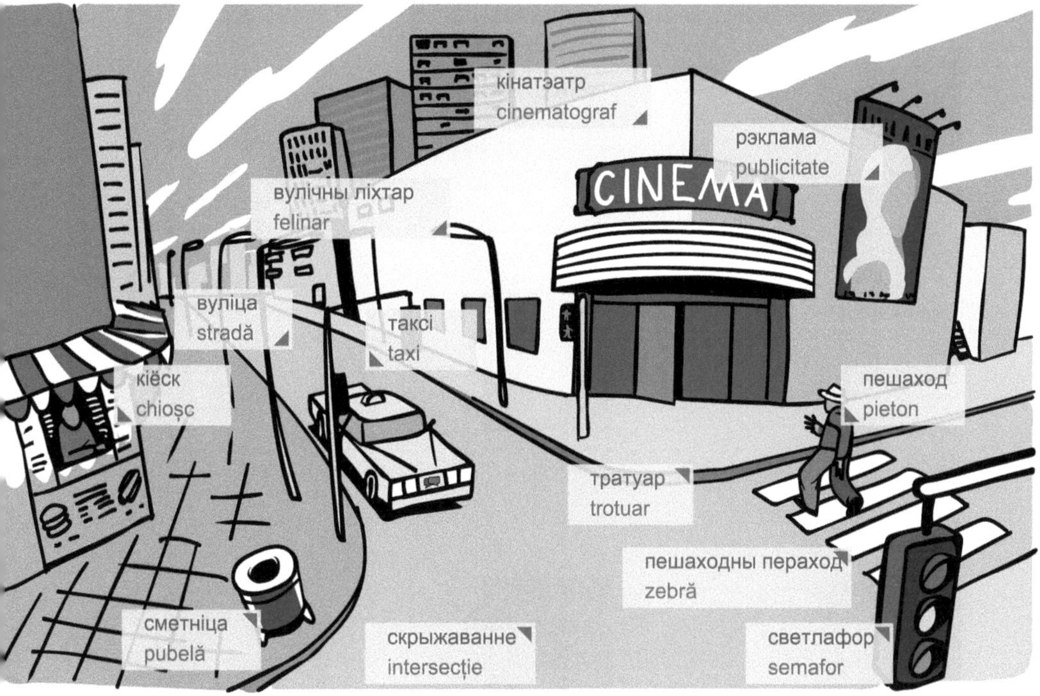

кінатэатр
cinematograf

рэклама
publicitate

вулічны ліхтар
felinar

CINEMA

вуліца
stradă

таксі
taxi

кіёск
chioșc

пешаход
pieton

тратуар
trotuar

пешаходны пераход
zebră

сметніца
pubelă

скрыжаванне
intersecție

светлафор
semafor

халупа

cabană

кватэра

apartament

чыгуначная станцыя

gară

ратуша

primărie

музей

muzeu

школа

școală

універсітэт

universitate

банк

bancă

шпіталь

spital

гатэль

hotel

аптэка

farmacie

офіс

birou

кнігарня

librărie

крама

magazin

кветкавая крама

florărie

супермаркет

supermarket

кірмаш

piață

універмаг

magazin universal

рыбная крама

comerciant de pește

гандлевы цэнтр

centru comercial

порт

port

парк
parc

лава
bancă

мост
pod

лесвіца
trepte

метро
metrou

тунэль
tunel

прыпынак
staţie de autobuz

бар
bar

рэстаран
restaurant

паштовая скрыня
cutie poştală

вулічны паказальнік
tăbliţă indicatoare cu
numele străzii

паркамат
parcometru

заапарк
grădină zoologică

басейн
piscină

мячэць
moschee

сядзіба

gospodărie țărănească

забруджванне
навакольнага асяроддзя

poluare

могілкі

cimitir

царква

biserică

пляцоўка для гульні

loc de joacă

храм

templu

краявід

peisaj

ліст
frunză

паказальнік
indicator

дарога
drum

луг
pajişte

камень
piatră

падарожнік
drumeț

дрэва
copac

рака
râu

трава
iarbă

кветка
floare

даліна
vale

гара
deal

возера
lac

лес
pădure

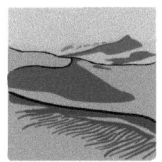

пустыня
deșert

вулкан
vulcan

замак
castel

вясёлка
curcubeu

грыб
ciupercă

пальма
palmier

камар
țânțar

муха
muscă

мурашка
furnică

пчала
albină

павук
păianjen

жук

gândac

жаба

broască

вавёрка

veveriță

вожык

arici

заяц

iepure

сава

bufniță

птушка

pasăre

лебедзь

lebădă

дзік

porc mistreț

алень

cerb

лось

elan

плаціна

dig

вятрак

turbină eoliană

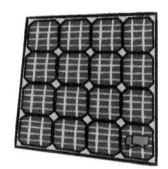

сонечная батарэя

panou solar

клімат

climă

рэстаран
restaurant

афіцыянт
chelnăr
меню
meniu
крэсла
scaun
суп
supă
піца
pizza
абрус
față de masă
сталовыя прыборы
tacâmuri

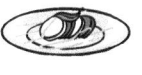

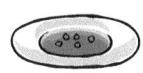

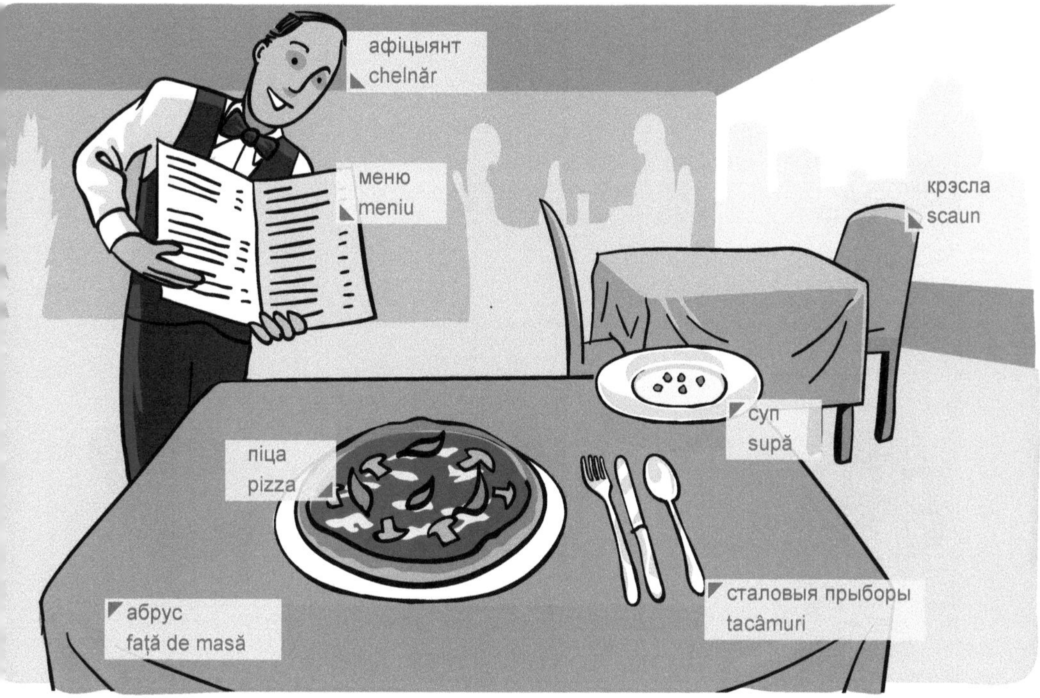

закуска

antreu

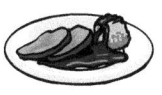

другая страва

fel principal

дэсерт

desert

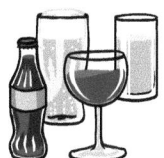

напоі

băuturi

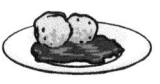

ежа

mâncare

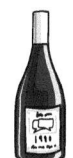

бутэлька

sticlă

хуткае харчаванне (фаст-фуд)

fastfood

стрыт-фуд

streetfood

імбрык (чайнік)

ceainic

цукарніца

zaharniţă

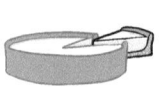

порцыя

porţie

эспрэса-машына

espressor

дзіцячае крэселка

scaun înalt (pentru copii)

рахунак

factură

паднос

tavă

нож

cuţit

відэлец

furculiţă

лыжка

lingură

чайная лыжка

linguriţă

сурвэтка

şerveţel

шклянка

pahar

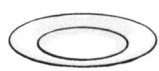

талерка

farfurie

супавая талерка

farfurie de supă

сподак

farfurie

соус

sos

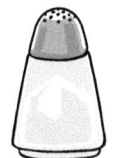

сальніца

solniță

млынок для перцу

râșniță de piper

воцат

oțet

алей

ulei

спецыі

condimente

кетчуп

ketchup

гарчыца

muștar

маянэз

maioneză

супермаркет

supermarket

акцыя
ofertă
FOR
пакупнік
client
малочныя прадукты
produse lactate
садавіна
fructe
вазок
cărucior de cumpărături

BUTCHERS

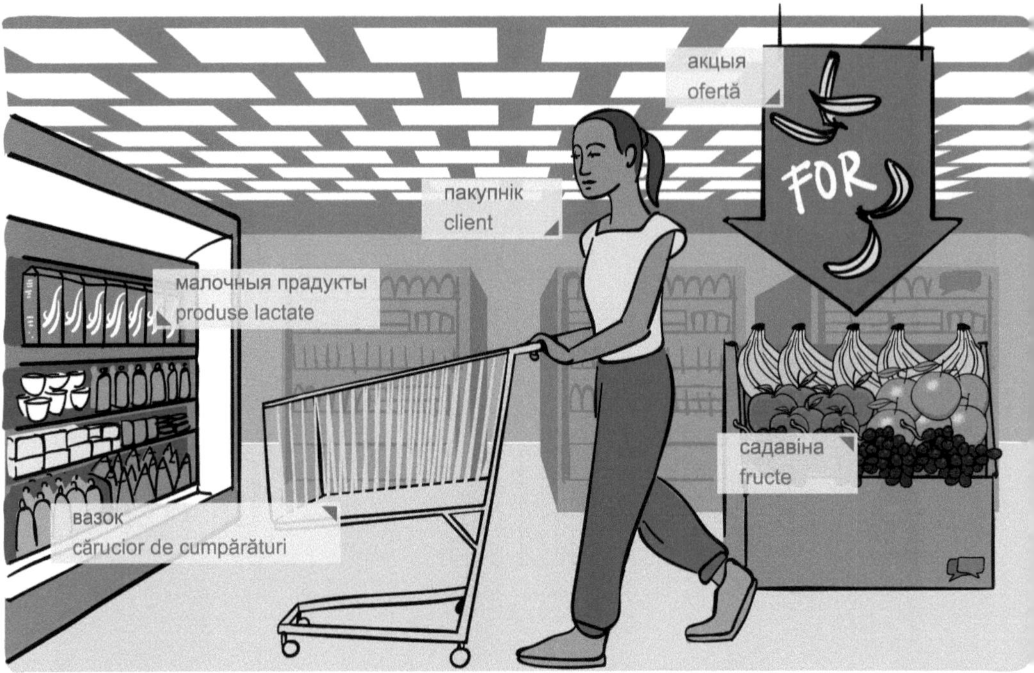

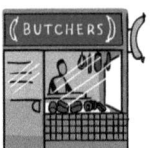

мясная крама

măcelărie

BAKERY

хлебны магазін

brutărie

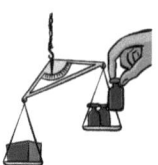

важыць

a cântări

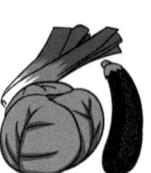

гароднiна

legume

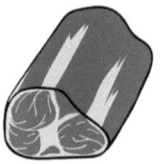

мяса

carne

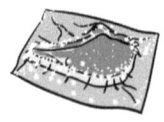

свежазамарожаныя прадукты

alimente refrigerate

нарэзка

mezeluri şi brânzeturi feliate

кансервы

conserve

пральны парашок

detergent

прысмакі

dulciuri

хатнія прылады

articole de menaj

чысцячы сродак

produse de curăţenie

прадавец

vânzătoare

каса

casă

касір

casier

спіс пакупак

listă de cumpărături

гадзіны працы

orar

бумажнік

portmoneu

крэдытная картка

carte de credit

сумка

geantă

пакет

pungă de plastic

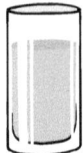

вада

apă

сок

suc

малако

lapte

кола

cola

віно

vin

піва

bere

алкаголь

alcool

какава

cacao

гарбата (чай)

ceai

кава

cafea

эспрэса

espresso

капучына

cappucino

банан

banane

яблык

măr

апельсін

portocală

дыня

pepene

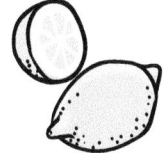

лімон

lămâie

морква

morcov

часнок

usturoi

бамбук

bambus

цыбуля

ceapă

грыб

ciupercă

арэхі

nuci

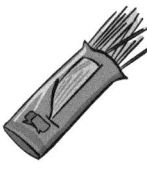

локшына

paste făinoase

спагеці

spagheti

рыс

orez

салата

salată

бульба фры

cartofi prăjiți

смажаная бульба

cartofi țărănești

піца

pizza

гамбургер

hamburger

бутэрброд

sandwich

шніцаль

șnițel

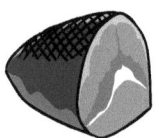

вяндліна

șuncă

салямі

salam

каўбаса

cârnați

курыца

pui

смажаніна

friptură

рыбак

pește

аўсяныя камякі

fulgi de ovăz

мюслі

musli

кукурузныя шматкі

cereale

мука

făină

круасан

corn

булачка

chifle

хлеб

pâine

тост

pâine prăjită

пячэнне

biscuiţi

масла

unt

тварог

brânză de vaci

пірог

prăjitură

яйка

ou

яечня

ouă ochiuri

сыр

brânză

марожанае

înghețată

цукар

zahăr

мёд

miere

варэнне

marmeladă

нуга

cremă nuga

кары

curry

сядзіба

gospodărie țărănească

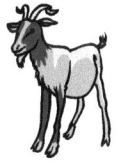

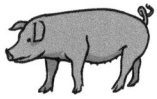

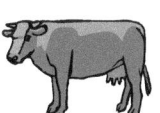

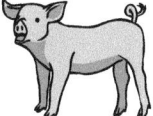

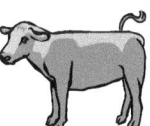

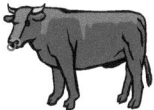

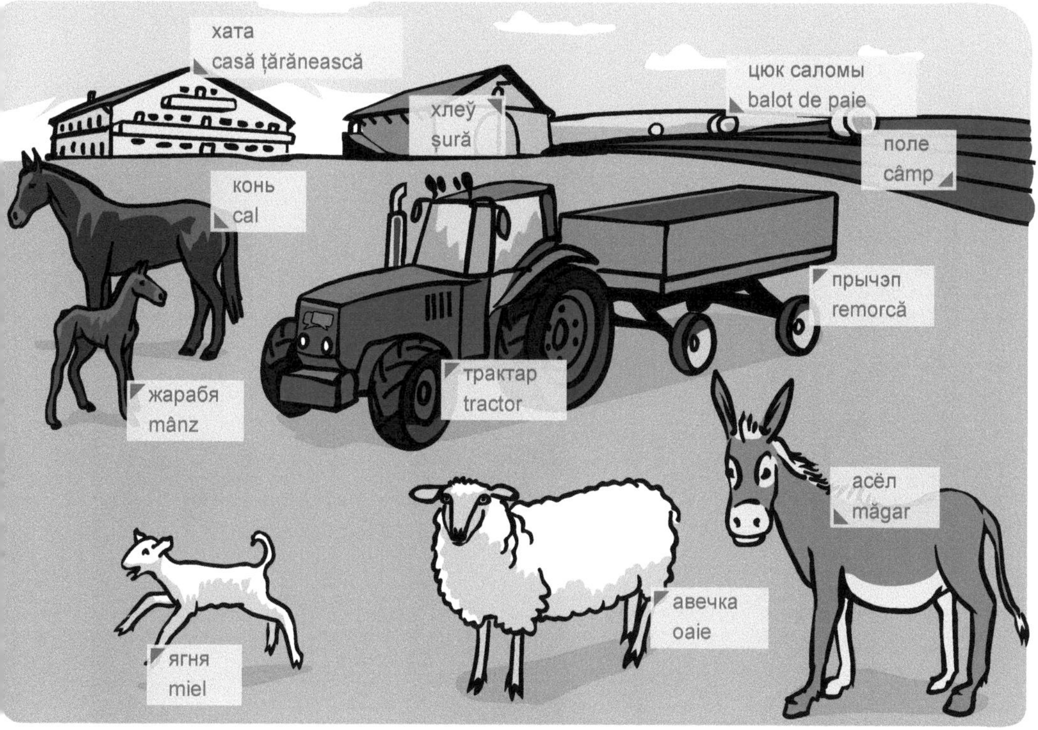
хата
casă țărănească
хлеў
șură
цюк саломы
balot de paie
поле
câmp
конь
cal
прычэп
remorcă
трактар
tractor
жарабя
mânz
асёл
măgar
авечка
oaie
ягня
miel

каза

capră

карова

vacă

цяля

vițel

свіння

porc

парася

purcel

бык

taur

гусак

găină

качка

rață

кураня

pui

курыца

găină

певень

cocoş

пацук

şobolan

кот

pisică

мыш

şoarece

вол

bou

сабака

câine

сабачая будка

cuşcă

садовы шланг

furtun de grădină

палівачка

stropitoare

каса

coasă

плуг

plug

серп
seceră

матыка
sapă

вілы для гною
furcă

сякера
secure

тачка
roabă

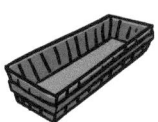

карыта
troacă

бітон для малака
cană pentru lapte

мех
sac

плот
gard

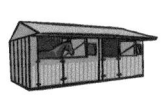

хлеў
grajd

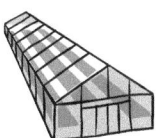

цяпліца
seră

глеба
sol

насенне
sămânță

угнаенне
fertilizator

камбайн
combină de treierat

збіраць ураджай

a culege

ураджай

recoltă

ямс

cartof yam

пшаніца

grâu

соя

soia

бульба

cartof

кукуруза

porumb

рапс

rapiţă

садовае дрэва

pom fructifer

маніёк

manioc

збожжа

cereale

дом
casă

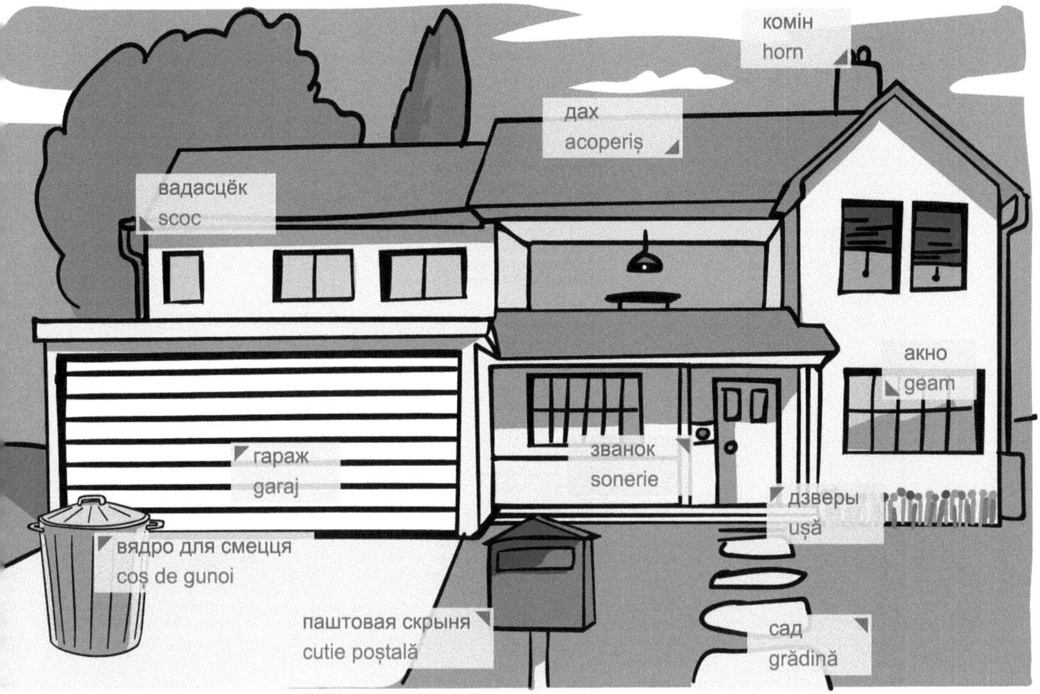
комін
horn
дах
acoperiș
вадасцёк
scoc
акно
geam
гараж
garaj
званок
sonerie
дзверы
ușă
вядро для смецця
coș de gunoi
паштовая скрыня
cutie poștală
сад
grădină

жылы пакой
camеră de zi

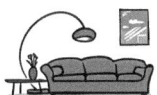

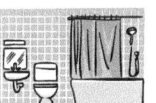

ванная
baie

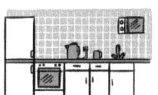

кухня
bucătărie

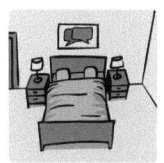

спальны пакой
dormitor

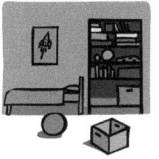

дзіцячы пакой
camera copiilor

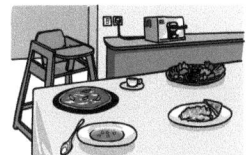

сталоўка
sufragerie

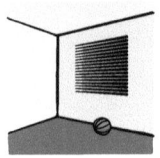

падлога

podea

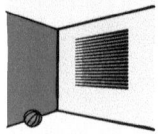

сцяна

perete

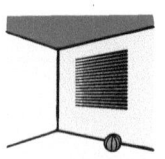

столь

tavan

падвал

pivniță

саўна

saună

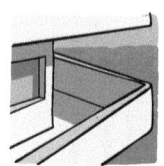

балкон

balcon

тэраса

terasă

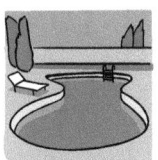

басейн

piscină

касілка

mașină de tuns iarba

падкоўдранік

cearșaf

коўдра

cuvertură

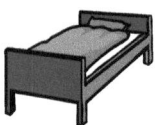

ложак

pat

венік

mătură

вядро

găleată

выключальнік

întrerupător

жылы пакой
cameră de zi

шпалеры
tapet
малюнак
pictură
лямпа
lampă
паліца
raft
шафа
dulap
тэлевізар
televizor
камін
șemineu
кветка
floare
падушка
pernă
канапа
sofa
ваза
vază
пульт
telecomandă

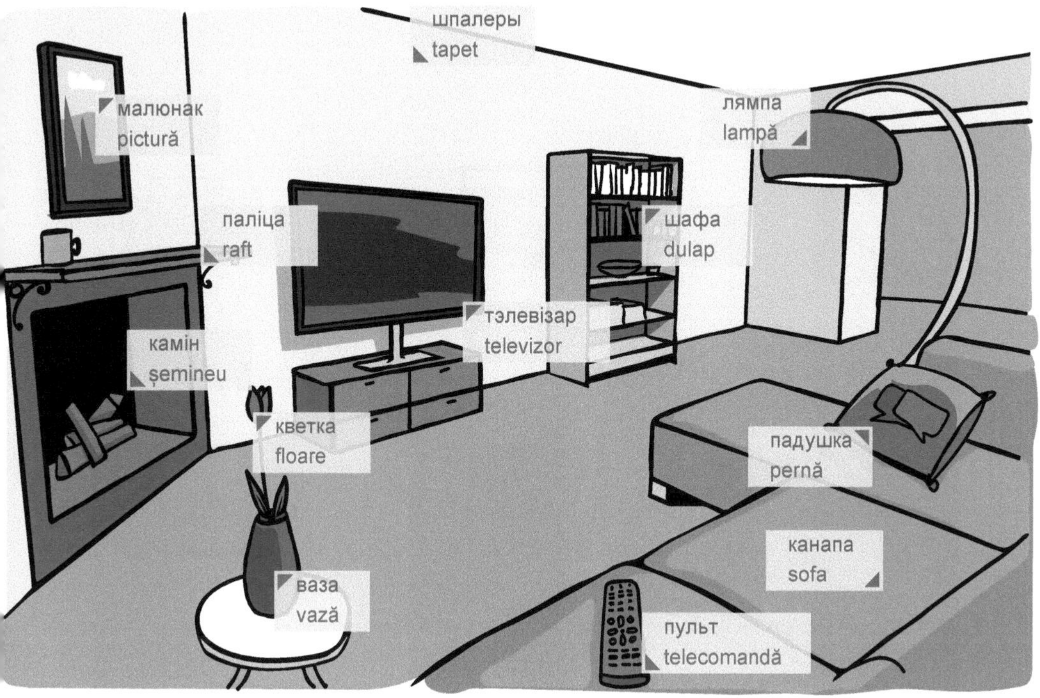

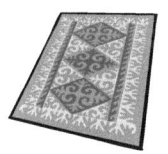

дыван

covor

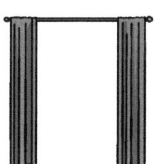

фіранка

perdea

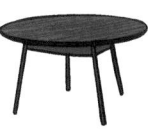

стол

masă

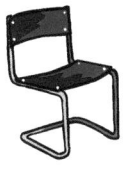

крэсла

scaun

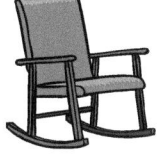

крэсла-качалка

balansoar

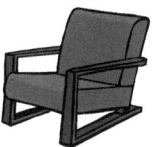

крэсла

fotoliu

кніга

carte

коўдра

pătură

дэкарацыя

decoraţiune

дровы

lemn de foc

кіно

film

стэрэасістэма

instalaţie stereo

ключ

cheie

газета

ziar

карціна

desen

постар

poster

радыё

radio

нататнік

caiet de notiţe

пыласос

aspirator

кактус

cactus

свечка

lumânare

кухня
bucătărie

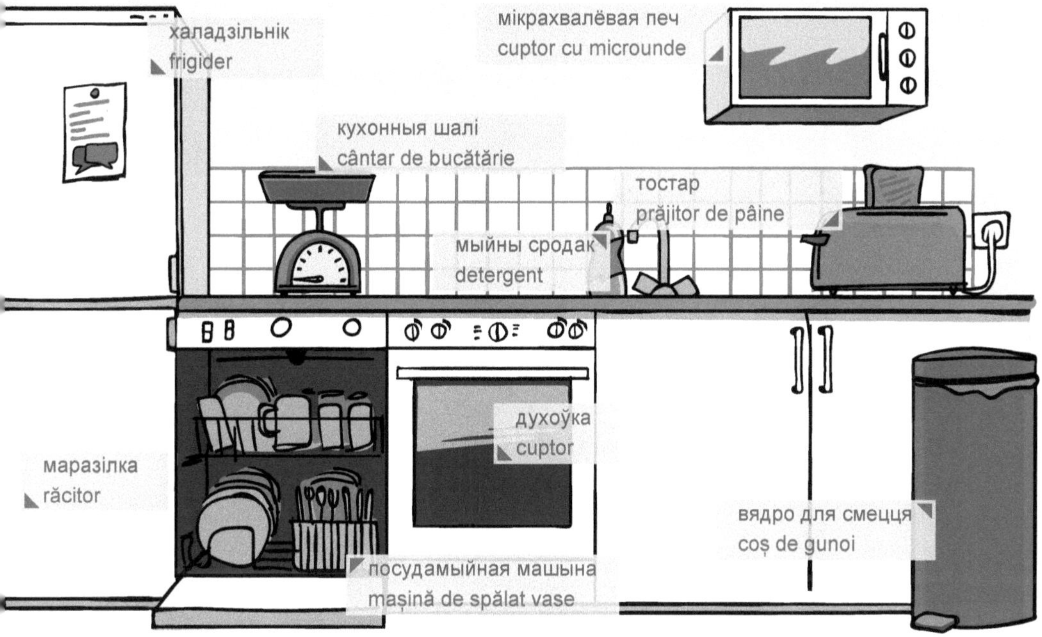

халадзільнік
frigider
мікрахвалёвая печ
cuptor cu microunde
кухонныя шалі
cântar de bucătărie
тостар
prăjitor de pâine
мыйны сродак
detergent
духоўка
cuptor
маразілка
răcitor
вядро для смецця
coș de gunoi
посудамыйная машына
mașină de spălat vase

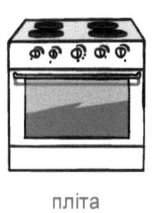

пліта
cuptor

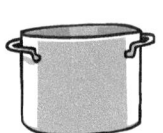

рондаль
oală

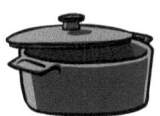

чыгунок
oală de metal

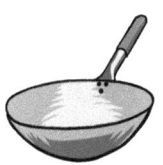

Вок / кадаі
wok/kadai

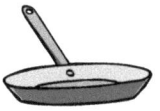

патэльня
tigaie

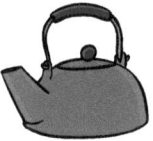

чайнік
ceainic

параварка

oală de gătit cu aburi

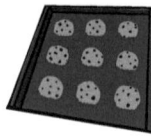

бляха

tavă de copt

посуд

veselă

кубак

pahar

міска

bol

палачкі для ежы

bețișoare

чарпак

polonic

лапатачка

spatulă

збівалка

tel

сіта для варэння

sită

сіта

sită

тарка

răzătoare

ступка

mojar

грыль

grătar

вогнішча

loc pentru grătar

дошка

tocător

качалка

sucitor

штопар

tirbușon

бляшанка

conservă

адкрывалка

deschizător de conserve

прыхваткі

șervete termice

ракавіна

chiuvetă

шчотка

perie

губка

burete

міксер

mixer

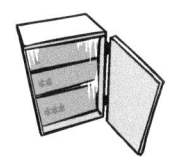

маразільная камера

ladă frigorifică

бутэлечка

biberon

вадаправодны кран

robinet

кухня - bucătărie

ванная

baie

ручніковы сушыцель
încălzire
душ
duș
ручнік
prosop
штора для душа
perdea de duș
пенная ванна
baie cu spumă
ванна
cadă
шклянка
pahar
мыйная машына
mașină de spălat
вадаправодны кран
robinet
плітка
gresie
начны гаршчок
oală de noapte
ракавіна
chiuvetă

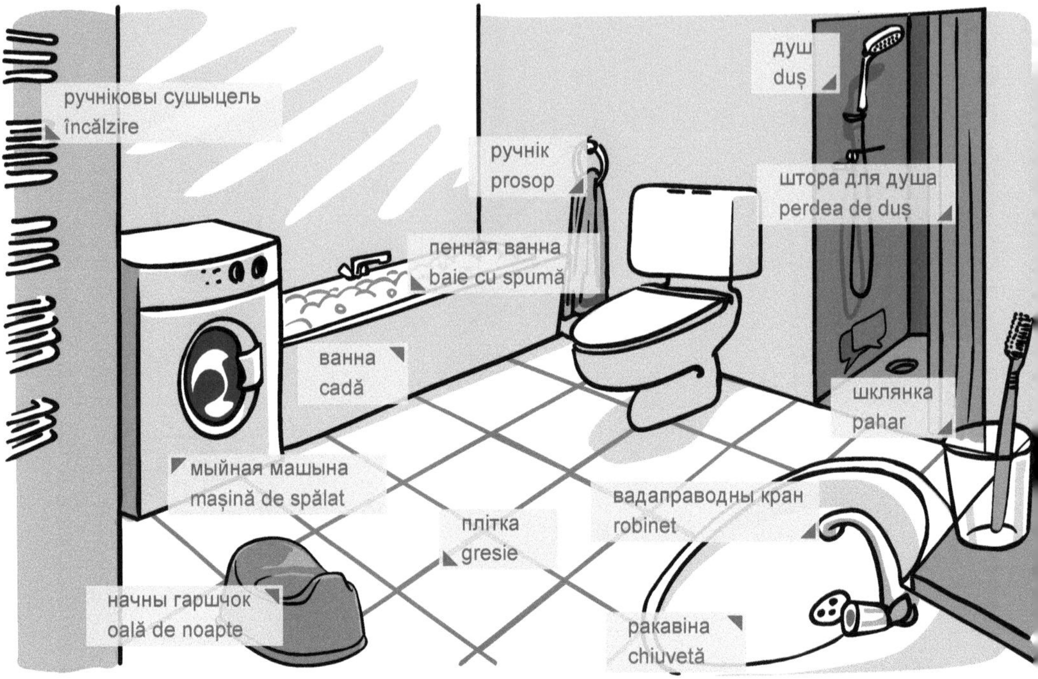

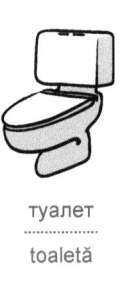

туалет

toaletă

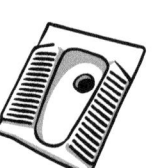

падлогавы ўнітаз

toaletă turcescă

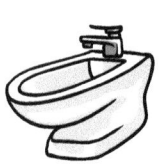

бідэ

bideu

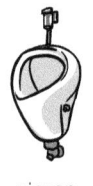

пісуар

pisoir

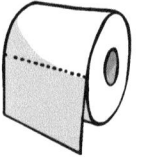

туалетная папера

hârtie igienică

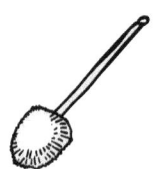

шчотка для чысткі ўнітаза

perie de toaletă

зубная шчотка

periuță de dinți

зубная паста

pastă de dinți

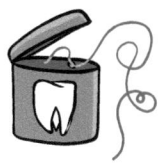

зубная нітка

ață dentară

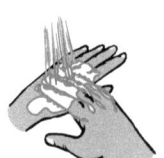

мыць

a spăla

ручны душ

cap de duș

інтымны душ

duș intim

умывальнік

lavoar

шчотка для спіны

perie pentru spate

мыла

săpun

гель для душа

gel de duș

шампунь

șampon

вяхотка

cârpă de spălat

вадасцёк

scurgere

крэм

cremă

дэзадарант

deodorant

люстэрка

oglindă

касметычнае люстэрка

oglindă cosmetică

станок для галення

aparat de ras

пена для галення

spumă de ras

ласьён пасля галення

aftershave

грэбень

pieptene

шчотка

perie

фен

uscător de păr

лак для валасоў

fixator

касметыка

machiaj

памада

ruj

лак для пазногцяў

lac de unghii

вата

vată

манікюрныя нажніцы

foarfece de unghii

духі

parfum

касметычка

neseser

табурэтка

taburet

вагі

cântar

лазневы халат

halat de baie

санітарныя пальчаткі

mănuși de cauciuc

тампон

tampon

гігіенічныя пракладкі

tampon

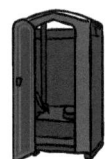

біятуалет

toaletă chimică

дзіцячы пакой

camera copiilor

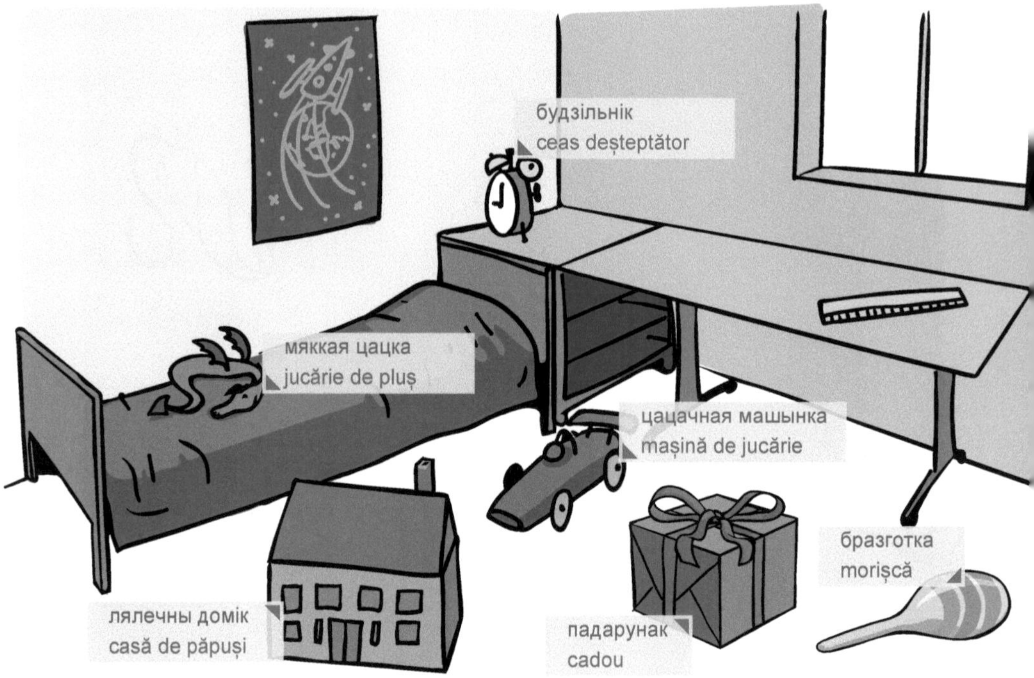
будзільнік
ceas deșteptător
мяккая цацка
jucărie de pluș
цацачная машынка
mașină de jucărie
бразготка
morișcă
лялечны домік
casă de păpuși
падарунак
cadou

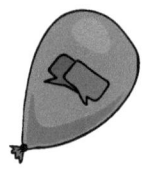

надзіманы шарык

balon

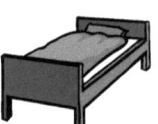

ложак

pat

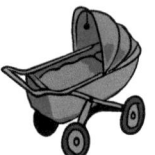

дзіцячая каляска

cărucior de copii

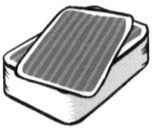

калода картаў

joc de cărți

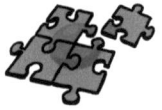

пазл

puzzle

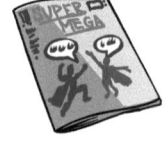

комікс

revistă de benzi desenate

канструктар "Лега"

cuburi lego

канструктар

piese pentru construcţii

экшэн-фігурка

personaj din filmele de acţiune

дзіцячы гарнітур

body

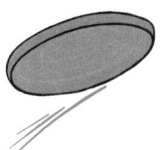

фрызбі

frisbee

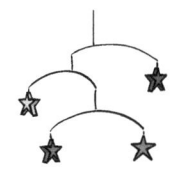

дзіцячы мабіль

mobil

настольная гульня

joc de societate

кубік

zar

дзіцячая чыгунка

set trenuleţ de jucărie

пустышка

suzetă

дзіцячае свята

petrecere

кніга з малюнкамі

carte cu poze

мячык

minge

лялька

păpuşă

гуляцца

a se juca

пясочніца

groapă de nisip

арэлі

leagăn

цацкі

jucării

гульнявая відэа прыстаўка

consolă video

трохколавы ровар

tricicletă

плюшавы мішка

ursuleț

шафа

dulap

адзенне

îmbrăcăminte

шкарпэткі

șosete

панчохі

ciorapi

калготкі

dres

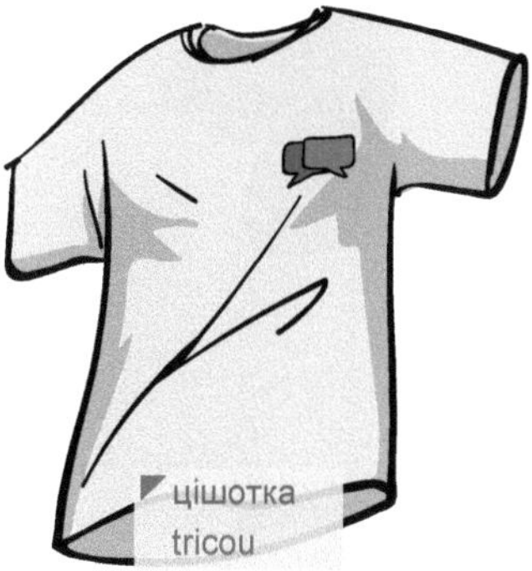

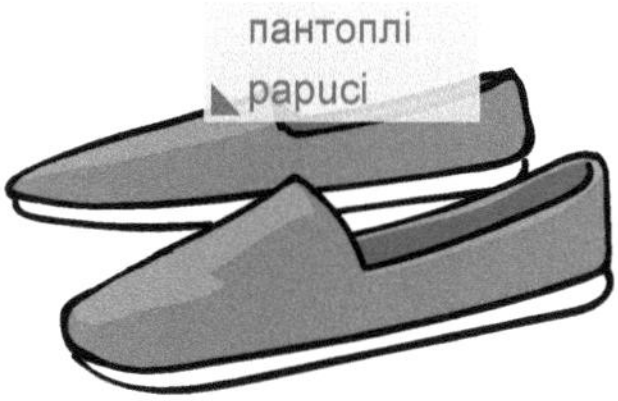

шалік
şal

рамень
curea

парасон
umbrelă

цішотка
tricou

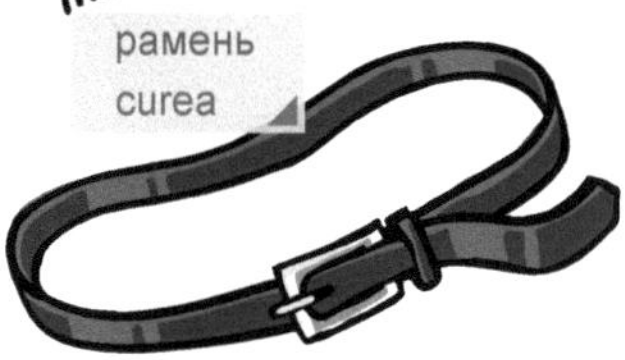

боты
cizme

пантоплі
papuci

красоўкі
pantofi sport

сандалі
....
sandale

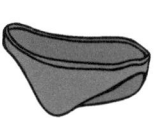

абутак
....
încălţăminte

гумовыя боты
....
cizme de cauciuc

трусы
....
chilot

бюстгальтар
....
sutien

майка
....
maiou

бодзі

body

штаны

pantaloni

джынсы

blugi

спадніца

fustă

блузка

bluză

кашуля

cămaşă

джэмпер

pulover

талстоўка

jerseu

блэйзер

sacou

куртка

jachetă

паліто

palton

дажджавік

pelerină de ploaie

касцюм

costum

сукенка

rochie

вясельная сукенка

rochie de mireasă

касцюм

costum

начная сарочка

cămașă de noapte

піжама

pijama

сары

sari

хустка

batic

цюрбан

turban

паранджа

burka

каптан

caftan

Абая

abaya

купальнік

costum de baie

плаўкі

șort

шорты

pantaloni scurți

спартыўны касцюм

trening

фартух

șorț

пальчаткі

mănuși

гузік

nasture

акуляры

ochelari

бранзалет

brățară

каралі

lanț

кальцо

inel

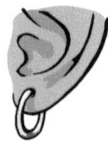

завушніца

cercel

кепка

căciulă

вешалка

umeraș

капялюш

pălărie

гальштук

cravată

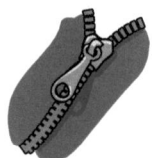

маланка

fermoar

шлем

cască

падцяжкі

bretele

школьная форма

uniformă școlară

уніформа

uniformă

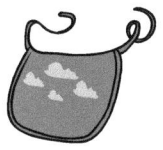

нагруднік

baveţică

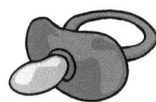

пустышка

suzetă

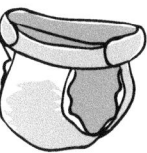

падгузнік

scutec

офіс

birou

сервер
server
канцылярская шафа
dulap de acte
прынтэр
imprimantă
папера
hârtie
манітор
monitor
мыш
mouse
пісьмовы стол
masă de birou
тэчка
fişier
клавіятура
tastatură
смеццевы кошык
coş de gunoi
кампутар
computer
крэсла
scaun

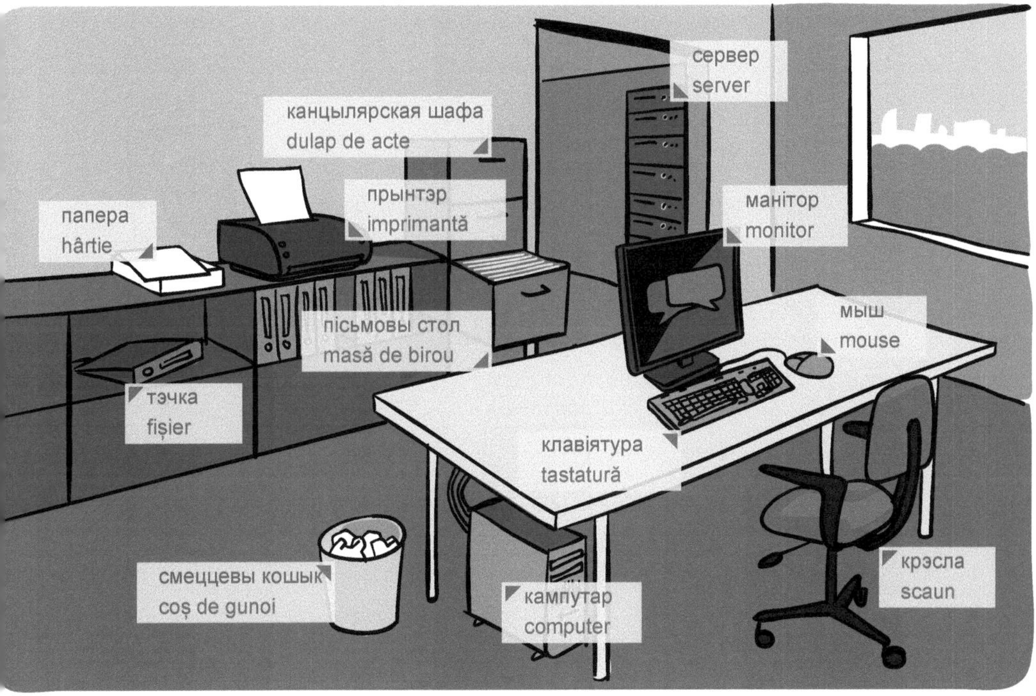

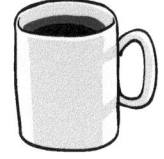

кубак для кавы (філіжанка)

ceaşcă de cafea

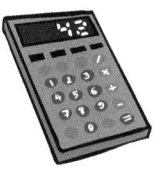

калькулятар

calculator

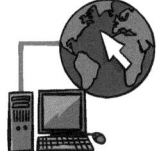

інтэрнэт

internet

ноўтбук

laptop

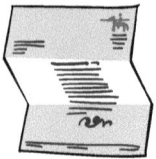

ліст

scrisoare

паведамленне

mesaj

мабільны тэлефон

telefon mobil

сетка

reţea

ксеракс

copiator

праграмнае забеспячэнне

software

тэлефон

telefon

разетка

priză

факс

fax

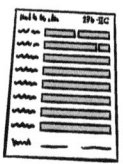

фармуляр

formular

дакумент

document

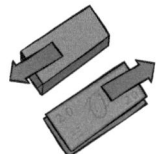

купляць

a cumpăra

плаціць

a plăti

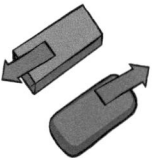

гандляваць

a face comerţ

грошы

bani

долар

Dolar

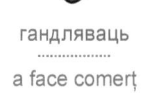

еўра

Euro

ена

Yen

рубель

Rublă

франк

Franc Elveţian

кітайскі юань

renminbi yuan

рупія

Rupie

банкамат

bancomat

абменны пункт

casă de schimb valutar

золата

aur

срэбра

argint

нафта

petrol

энергія

energie

цана

preț

кантракт

contract

падатак

impozit

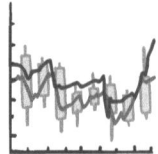

акцыя

acțiune

працаваць

a munci

служачы

angajat

працадаўца

angajator

фабрыка

fabrică

крама

magazin

эканоміка - economie

прафесіі
ocupații

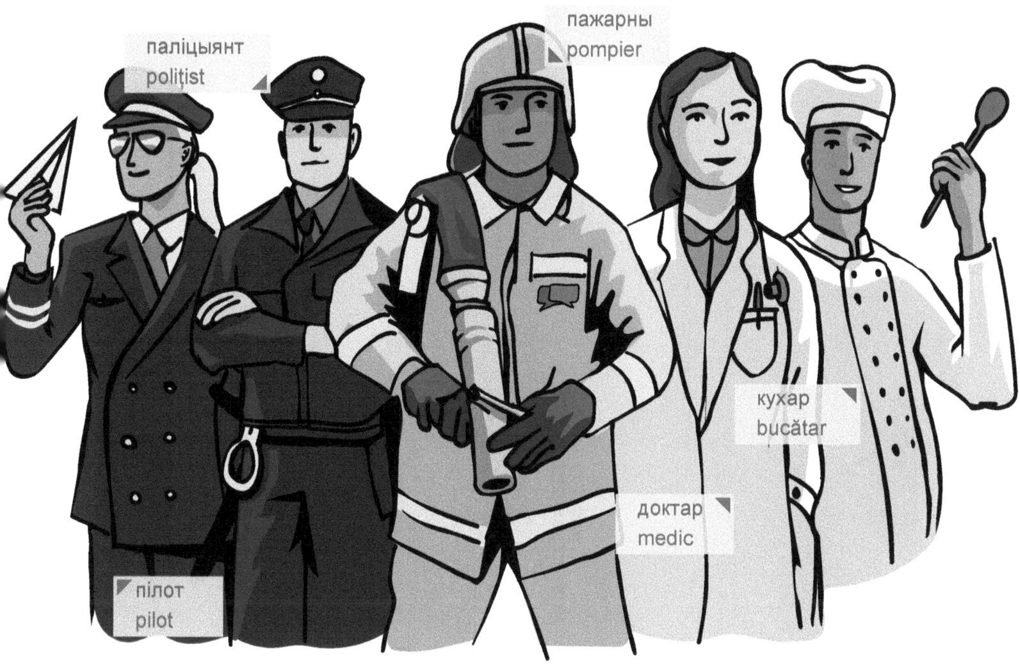

паліцыянт
poliţist
пажарны
pompier
кухар
bucătar
доктар
medic
пілот
pilot

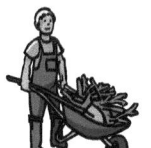

садоўнік

grădinar

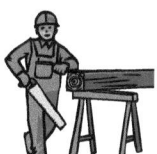

слесар

tâmplar

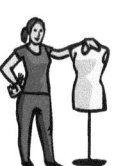

швачка

cusătoreasă

суддзя

judecător

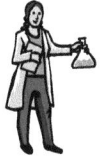

хімік

chimist

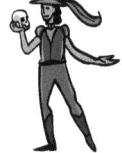

артыст

actor

кіроўца аўтобуса

șofer de autobuz

таксіст

șofer de taxi

рыбак

pescar

прыбіральшчыца

femeie de serviciu

страхар

tinichigiu

афіцыянт

chelnăr

паляўнічы

vânător

мастак

pictor

пекар

brutar

электрык

electrician

будаўнік

muncitor în construcții

інжынер

inginer

мяснік

măcelar

сантэхнік

instalator

пашталён

poștaș

салдат

soldat

архітэктар

arhitect

касір

casier

фларыст

florar

цырульнік

frizer

кандуктар

controlor

механік

mecanic

капітан

căpitan

стаматолаг

stomatolog

вучоны

om de ştiinţă

рабін

rabin

імам

imam

манах

călugăr

святар

preot

інструменты
instrumente

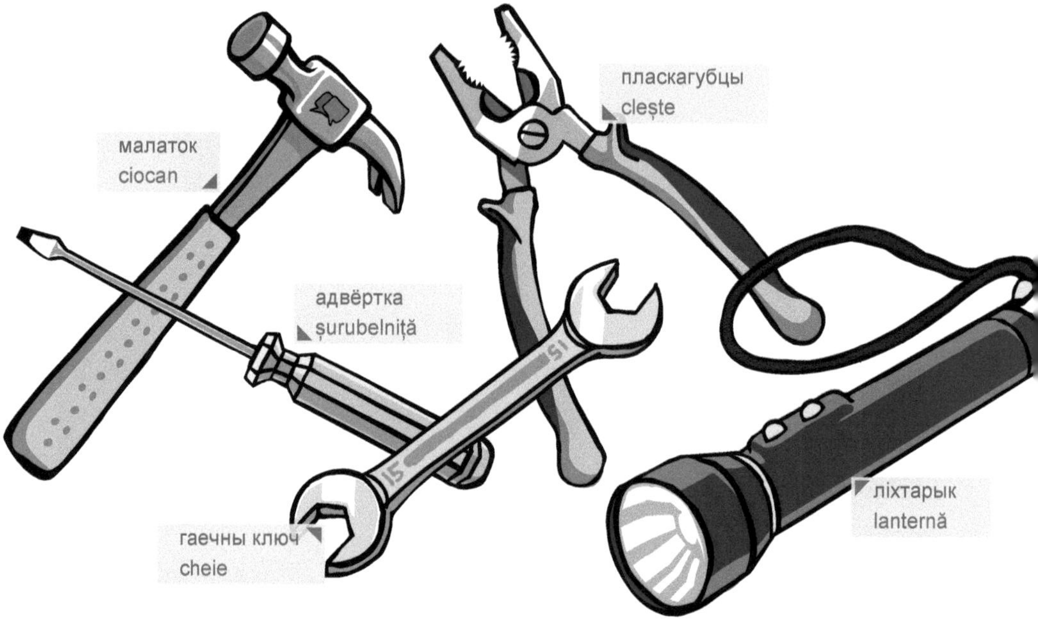
малаток
ciocan
пласкагубцы
clește
адвёртка
șurubelniță
гаечны ключ
cheie
ліхтарык
lanternă

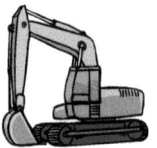

экскаватар

excavator

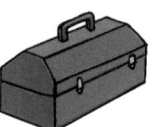

скрыня для інструментаў

cutie de scule

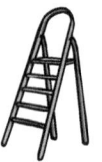

дравіны

scară

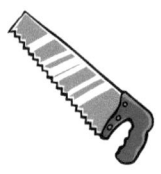

піла

ferăstrău

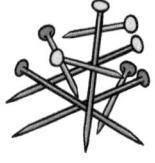

цвікі

cuie

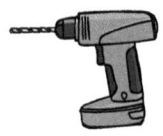

дрыль

burghiu

рамантаваць

a repara

рыдлеўка

lopată

Халера!

La naiba!

шуфлік для смецця

фараs

вядро з фарбаю

vas pentru vopsea

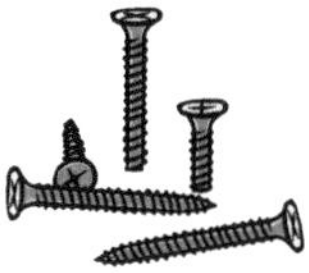

балты

șuruburi

музычныя інструменты
instrumente muzicale

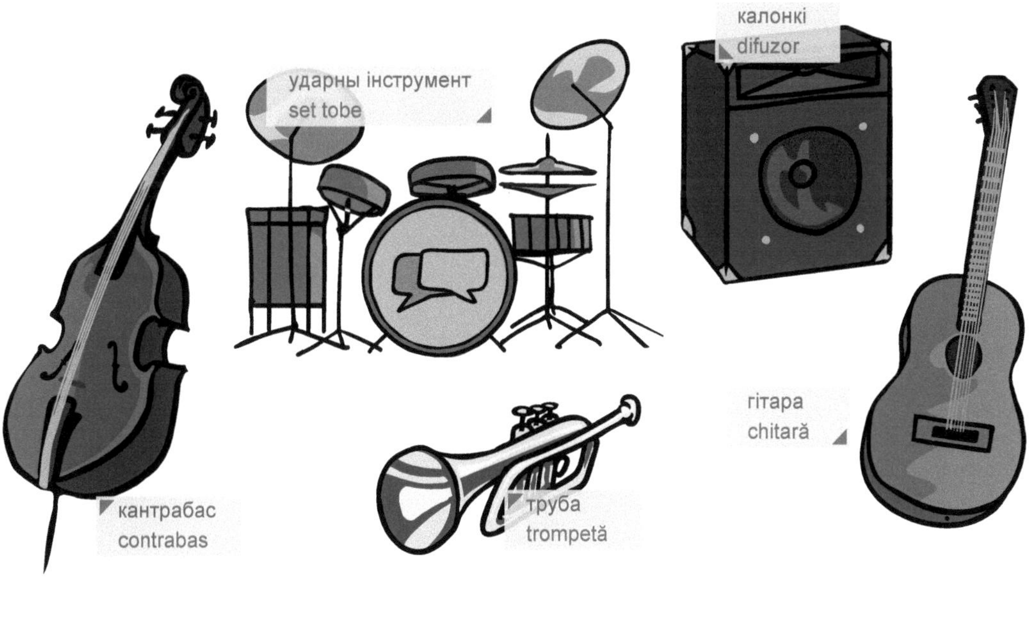

ударны інструмент
set tobe

калонкі
difuzor

гітара
chitară

кантрабас
contrabas

труба
trompetă

піяніна

pian

скрыпка

vioară

басгітара

bas

літаўры

trombon

барабан

tobă

клавішны электрамузычны
інструмент

keyboard

саксафон

saxofon

флейта

fluier

мікрафон

microfon

заапарк

grădină zoologică

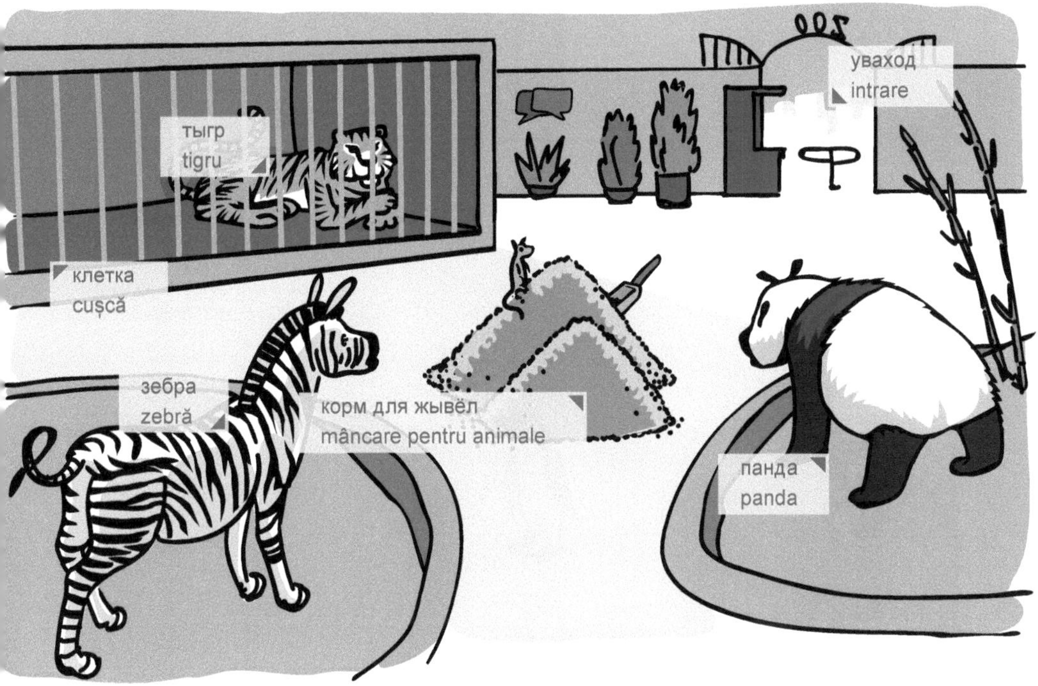

увахода
intrare
тыгр
tigru
клетка
cușcă
зебра
zebră
корм для жывёл
mâncare pentru animale
панда
panda

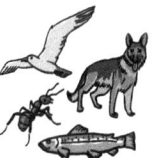

жывёлы

animale

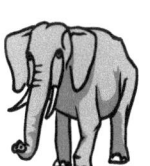

слон

elefant

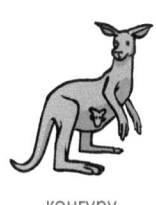

кенгуру

cangur

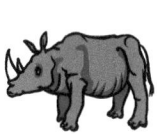

насарог

rinocer

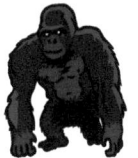

гарыла

gorilă

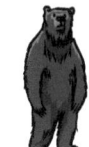

мядзведзь

urs

вярблюд

cămilă

стравус

struţ

леў

leu

малпа

maimuţă

фламінга

flamingo

папугай

papagal

белы мядзведзь

urs polar

пінгвін

pinguin

акула

rechin

паўлін

păun

змяя

şarpe

кракадзіл

crocodil

наглядчык заапарка

îngrijitor grădina zoologică

цюлень

focă

ягуар

jaguar

поні
ponei

леапард
leopard

бегемот
hipopotam

жыраф
girafă

арол
acvilă

дзік
porc mistreț

рыбак
pește

чарапаха
broască țestoasă

морж
morsă

ліса
vulpe

газель
gazelă

амерыканскі футбол
fotbal american

веласпорт
ciclism

тэніс
tenis

баскетбол
basketball

плаванне
înot

хакей з шайбай
hockey pe gheaţă

бокс
box

футбол
fotbal

бадмінтон
badminton

лёгкая атлетыка
atletism

гандбол
handbal

горныя лыжы
schi

пола
polo

дзейнасць

activități

скакаць
a sări
абдымаць
a îmbrățișa
смяяцца
a râde
ісці
a merge
спяваць
a cânta
марыць
a visa
маліцца
a se ruga
цалаваць
a săruta

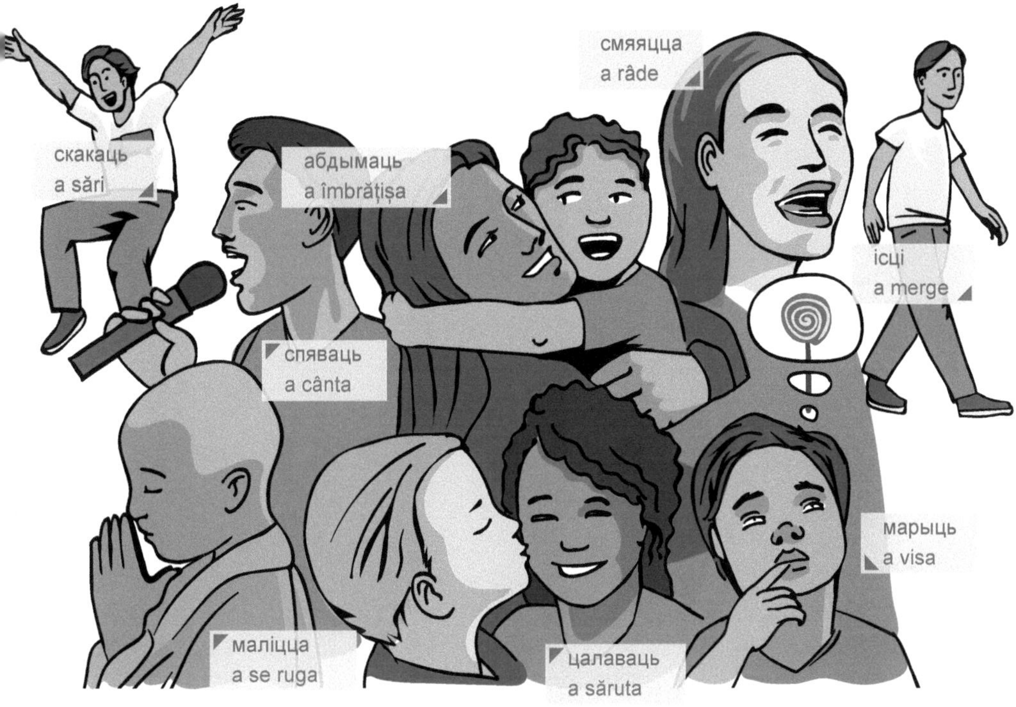

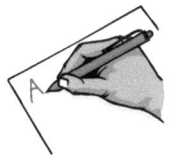

пісаць

a scrie

маляваць

a desena

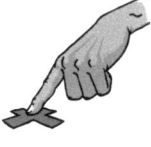

паказваць

a arăta

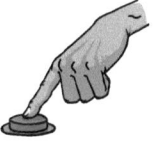

націснуць

a împinge

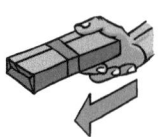

даваць

a da

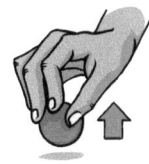

браць

a lua

маць

a avea

выконваць

a face

быць

a fi

стаяць

a sta în picioare

бегчы

a fugi

цягнуць

a trage

кідаць

a arunca

падаць

a cădea

ляжаць

a sta întins

чакаць

a aştepta

насіць

a purta

сядзець

a şedea

апранацца

a se îmbrăca

спаць

a dormi

прачынацца

a se trezi

глядзець
....
a privi

плакаць
....
a plânge

лашчыць
....
a mângâia

прычэсвацца
....
a se pieptăna

гаварыць
....
a vorbi

разумець
....
a înţelege

пытаць
....
a întreba

чуць
....
a asculta

піць
....
a bea

есці
....
a mânca

прыбіраць
....
a face ordine

кахаць
....
a iubi

гатаваць
....
a găti

ехаць
....
a conduce

лятаць
....
a zbura

плаваць пад ветразем

a naviga

лічыць

a calcula

чытаць

a citi

вучыць

a învăţa

працаваць

a munci

уступаць у шлюб

a se căsători

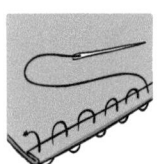

шыць

a coase

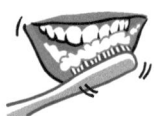

чысціць зубы

a se spăla pe dinţi

забіваць

a ucide

курыць

a fuma

пасылаць

a trimite

бабуля
bunică

дзядуля
bunic

бацька
tată

маці
mamă

дзіця
bebeluș

дачка
soră

сын
fiu

госць

oaspete

цётка

mătușă

дзядзька

unchi

брат

frate

сястра

soră

цела

corp

лоб
frunte
вока
ochi
твар
faţă
падбародак
bărbie
палец
deget
рука
mână
грудзі
piept
рука
braţ
плячо
umăr
нага
picior

дзіця

bebeluș

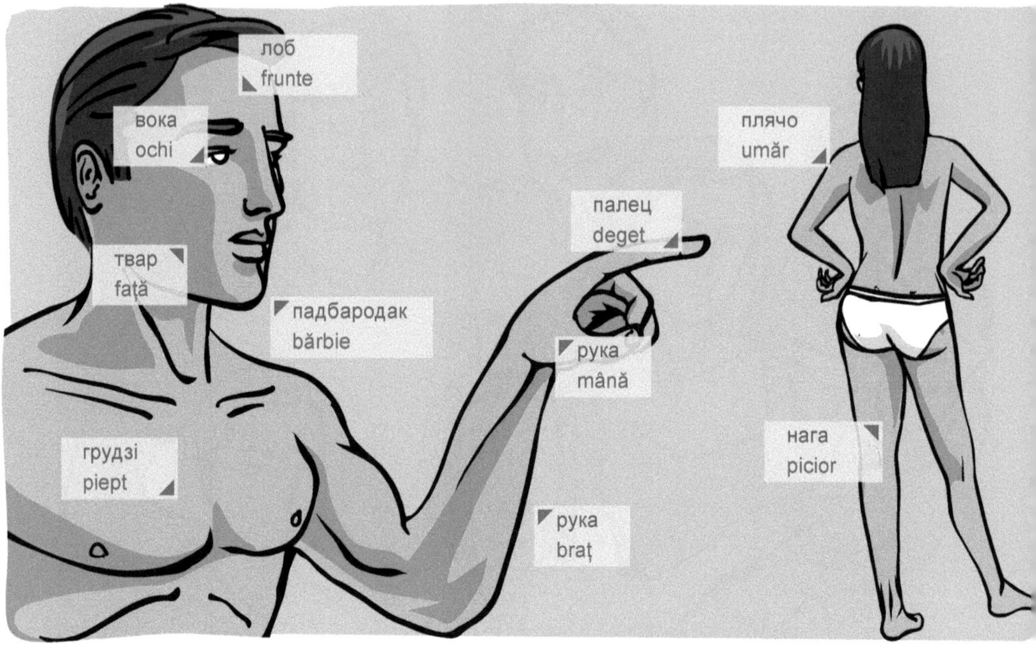

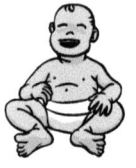

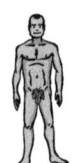

мужчына

bărbat

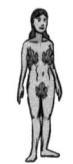

жанчына

femeie

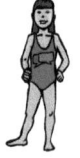

дзяўчынка

fată

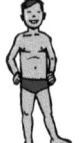

хлопчык

băiat

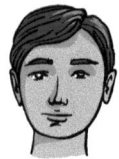

галава

cap

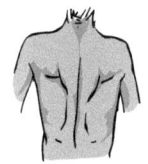

спіна

spate

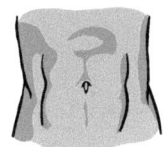

жывот

abdomen

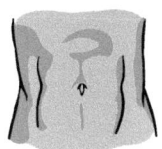

пуп

ombilic

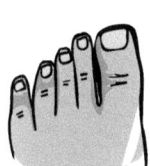

палец нагі

deget de la picior

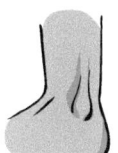

пятка

călcâi

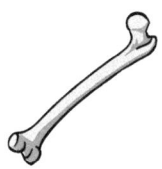

костка

os

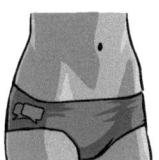

бядро

șold

калена

genunchi

локаць

cot

нос

nas

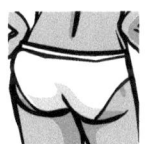

ягадзіца

fund

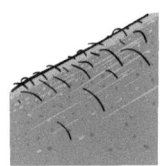

скура

piele

шчака

obraz

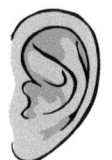

вуха

ureche

губа

buză

рот

gură

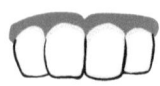

зуб

dinte

язык

limbă

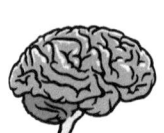

галаўны мозг

creier

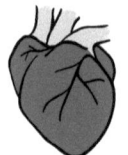

сэрца

inimă

мышца

mușchi

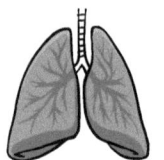

лёгкае

plămân

пячонка

ficat

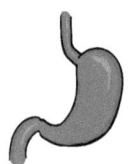

страўнік

stomac

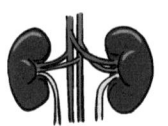

ныркі

rinichi

сэкс

sex

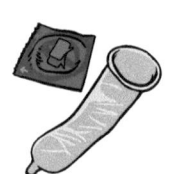

прэзерватыў

prezervativ

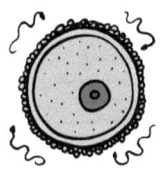

яйцаклетка

ovul

сперма

spermă

цяжарнасць

sarcină

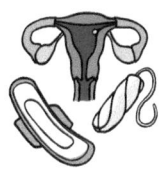

менструацыя

menstruație

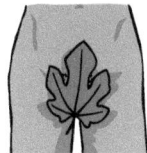

похва

vagin

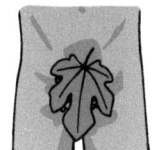

пеніс

penis

брыво

sprânceană

валасы

păr

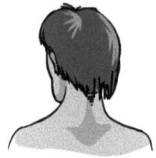

шыя

gât

шпіталь

spital

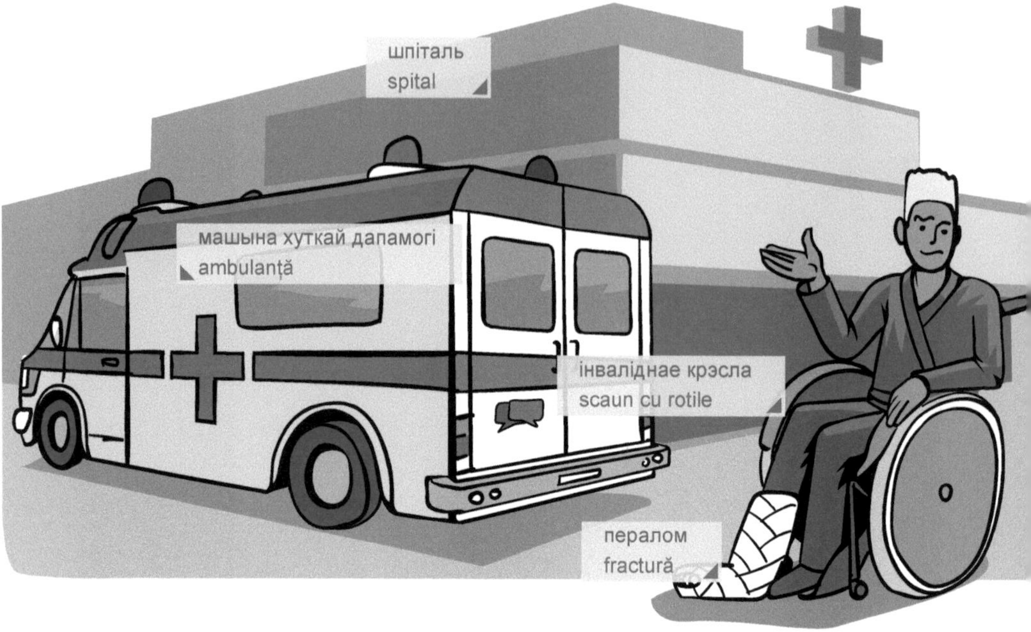

шпіталь
spital
машына хуткай дапамогі
ambulanță
інваліднае крэсла
scaun cu rotile
пералом
fractură

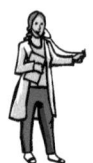

доктар

medic

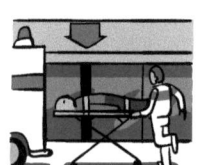

аддзяленне першай дапамогі

unitate de primiri urgențe

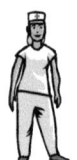

медсястра

soră medicală

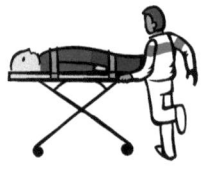

экстраная дапамога

urgență

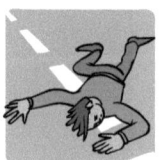

непрытомны

inconștient

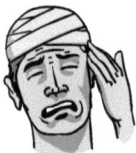

боль

durere

траўма

leziune

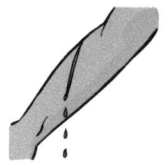

крывацёк

sângerare

інфаркт

infarct miocardic

апаплексія

atac cerebral

алергія

alergie

кашаль

tuse

гарачка

febră

грып

gripă

панос

diaree

галаўны боль

durere de cap

рак

cancer

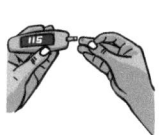

дыябет

diabet

хірург

chirurg

скальпель

scalpel

аперацыя

operaţie

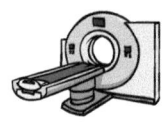

КТ

CT

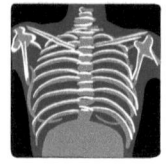

рэнтген

raze Röntgen

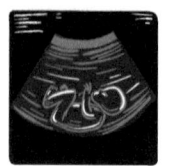

ультрагук

ultrasunet

маска

mască

хвароба

boală

пачакальня

sală de așteptare

мыліца

cârjă

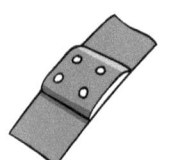

пластыр

plasture

бінт

bandaj

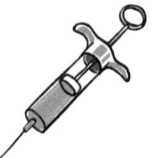

ін'екцыя

injecție

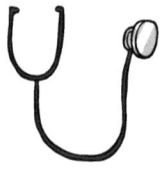

стэтаскоп

stetoscop

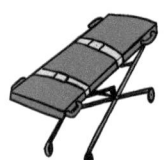

насілкі

targă

градуснік

termometru

нараджэнне

naștere

лішняя вага

supraponderabilitate

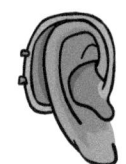

слухавы апарат

aparat auditiv

дзэінфекцыйны сродак

dezinfectant

інфекцыя

infecție

вірус

virus

ВІЧ/СНІД

HIV/SIDA

лекі

medicină

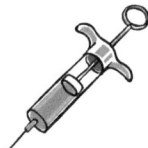

прышчэпка

vaccin

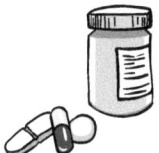

таблеткі

tablete

супрацьзачаткавая
таблетка

pastilă

экстраны выклік

apel de urgență

танометр

aparat de măsurare a
presiunii arteriale

хворы / здаровы

bolnav/sănătos

Ратуйце!

Ajutor!

сігналізацыя

alarmă

напад

agresiune

атака

atac

небяспека

pericol

аварыйны выхад

ieşire de urgenţă

Пажар!

Foc!

вогнетушыцель

extinctor

аварыя

accident

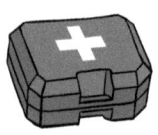

аптэчка

trusă de prim-ajutor

СОС

SOS

паліцыя

poliţie

Еўропа

Europa

Паўночная Амерыка

America de Nord

Паўднёвая Амерыка

America de Sud

Афрыка

Africa

Азія

Asia

Аўстралія

Australia

Атлантычны акіян

Altantic

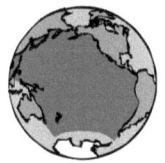

Ціхі акіян

Pacific

Індыйскі акіян

Oceanul Indian

Паўднёвы ледавіты акіян

Oceanul Antarctic

Паўночны ледавіты акіян

Oceanul Arctic

Паўночны полюс

Polul Nord

Паўднёвы полюс

Polul Sud

Антарктыда

Antarctica

Зямля

pământ

краіна

țară

мора

mare

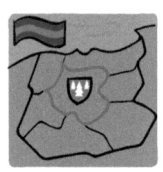

востраў

insulă

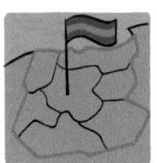

нацыя

națiune

дзяржава

stat

цыферблат

cadran

гадзінная стрэлка

orar

хвілінная стрэлка

minutar

секундная стрэлка

secundar

Колькі часу?

Cât e ceasul?

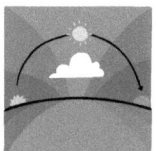

дзень

zi

час

timp

зараз

acum

электронны гадзіннік

cead digital

хвіліна

minut

гадзіна

oră

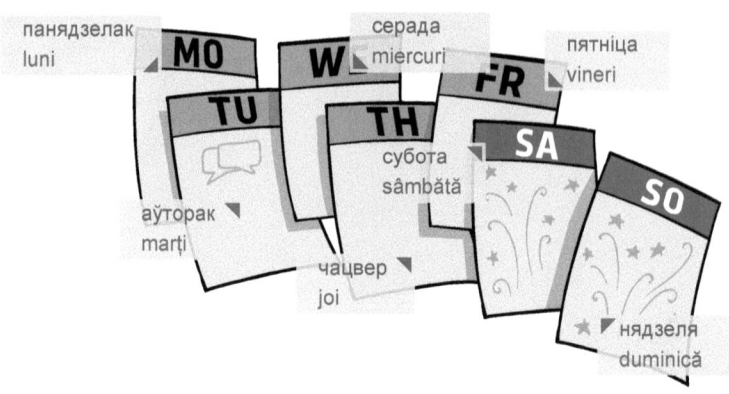

панядзелак
luni

аўторак
marți

серада
miercuri

чацвер
joi

пятніца
vineri

субота
sâmbătă

нядзеля
duminică

ўчора
ieri

сёння
azi

заўтра
mâine

раніца
dimineață

абед
amiază

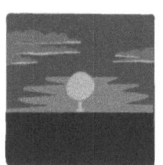

вечар
seară

MO	TU	WE	TH	FR	SA	SU
1	2	3	4	5	6	7
8	9	10	11	12	13	14
15	16	17	18	19	20	21
22	23	24	25	26	27	28
29	30	31	1	2	3	4

працоўныя дні
zile lucrătoare

выхадныя
week-end

год

an

дождж
ploaie
вясёлка
curcubeu
вецер
vânt
снег
zăpadă
вясна
primăvară
лета
vară
восень
toamnă
зіма
iarnă

4.APRIL 11°
5.APRIL 4°
6.APRIL 13°
7.APRIL 8°
8.APRIL 10°

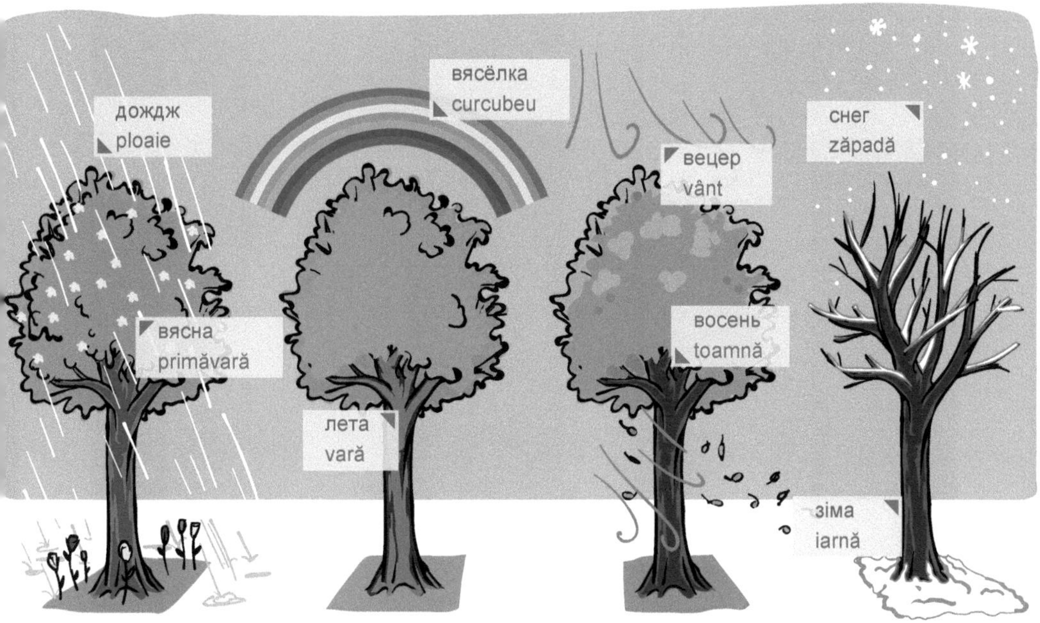

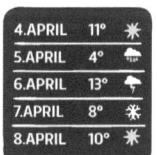

прагноз надвор'я

prognoză meteo

F C
120 40
90 30
60 20
30 10
0 0
-30 -10
-20

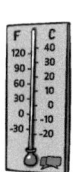

градуснік

termometru

сонечнае святло

lumina soarelui

воблака

nor

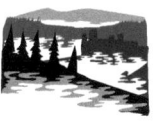

туман

ceață

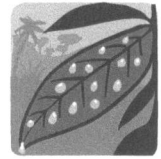

вільготнасць паветра

umiditate a aerului

маланка

fulger

гром

tunet

бура

furtună

град

grindină

мусонны вецер

muson

прыліў

inundație

лёд

gheață

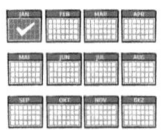

студзень

ianuarie

люты

februarie

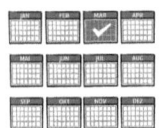

сакавік

martie

красавік

aprilie

май

mai

чэрвень

iunie

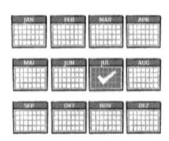

ліпень

iulie

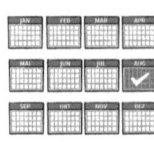

жнівень

august

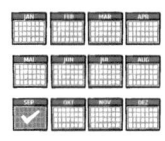

верасень

septembrie

кастрычнік

octombrie

лістапад

noiembrie

снежань

decembrie

круг

cerc

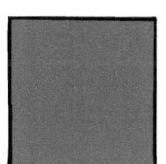

квадрат

pătrat

прамавугольнік

dreptunghi

трохвугольнік

triunghi

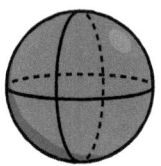

шар

sferă

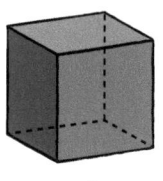

куб

cub

белы

alb

жоўты

galben

аранжавы

portocaliu

ружовы

roz

чырвоны

roșu

фіялетавы

violet

сіні

albastru

зялёны

verde

карычневы

maro

шэры

gri

чорны

negru

шмат / мала

mult/puțin

злы / добры

furios/calm

прыгожы / брыдкі

frumos/urât

пачатак / канец

început/sfârșit

высокі / малы

mare/mic

светлы / цёмны

luminos/întunecat

сястра / брат

frate/soră

чысты / брудны

curat/murdar

поўны / няпоўны

complet/incomplet

дзень / ноч

zi/noapte

мёртвы / жывы

mort/viu

шырокі / вузкі

lat/strâmt

ядомы / неядомы

comestibil/necomestibil

злы / добры

rău/prietenos

узбуджаны / нудны

emoționat/plictisit

тоўсты / тонкі

gras/slab

першы / апошні

primul/ultimul

сябар / вораг

prieten/inamic

поўны / пусты

plin/gol

цвёрды / мяккі

tare/moale

важкі / лёгкі

greu/ușor

голад / смага

foame/sete

хворы / здаровы

bolnav/sănătos

нелегальны / легальны

ilegal/legal

разумны / дурны

inteligent/stupid

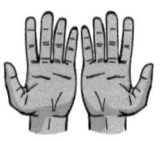

левы / правы

stânga/drepta

побач / далёка

aproape/departe

новы / былы ва ўжыванні
nou/uzat

нічога / нешта
nimic/ceva

стары / малады
bătrân/tânăr

укл / выкл
pornit/oprit

адчынены / зачынены
deschis/închis

ціхі / гучны
încet/tare

багаты / бедны
bogat/sărac

правільна / няправільна
corect/fals

шурпаты / гладкі
aspru/neted

сумны / шчаслівы
trist/fericit

кароткі / доўгі
lung/scurt

павольны / хуткі
încet/repede

вільготны / сухі
ud/uscat

цёплы / халаднаваты
cald/rece

вайна / мір
război/pace

cifre

0

нуль

zero

1

адзін

unu

2

два

doi

3

тры

trei

4

чатыры

patru

5

пяць

cinci

6

шэсць

șase

7

сем

șapte

8

восем

opt

9

дзевяць

nouă

10

дзесяць

zece

11

адзінаццаць

unsprezece

12

дванаццаць

douăsprezece

13

трынаццаць

treisprezece

14

чатырнаццаць

paisprezece

15

пятнаццаць

cincisprezece

16

шаснаццаць

șaisprezece

17

сямнаццаць

șaptesprezece

18

васямнаццаць

optsprezece

19

дзевятнаццаць

nouăsprezece

20

дваццаць

douăzeci

100

сто

o sută

1.000

тысяча

o mie

1.000.000

мільён

un milion

англійская

engleză

англійская (Амерыка)

engleză americană

кітайская мандарынская

chineza mandarină

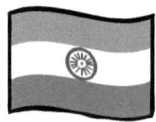

хіндзі

hindi

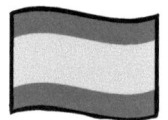

іспанская

spaniolă

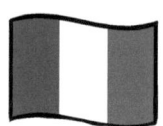

французская

franceză

арабская

arabă

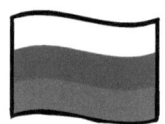

руская

rusă

партугальская

protugheză

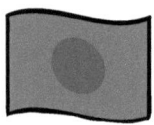

бенгальская

bengaleză

нямецкая

germană

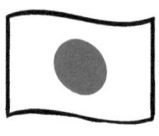

японская

japoneză

я

eu

ты

tu

ён / яна / яно

el/ea

мы

noi

вы

voi

яны

ea

хто?

cine?

што?

ce?

як?

cum?

дзе?

unde?

калі?

când?

імя

nume

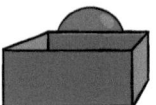

за

în spate

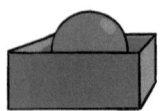

у

în

перад

înainte

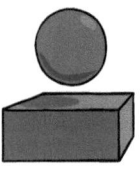

над

peste

на

pe

пад

sub

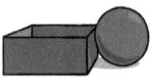

каля

lângă

паміж

între

месца

loc